ELOGIO DE LA PEREZA
JACQUES LECLERCQ

EL INSTANTE PRESENTE
JACQUES PHILIPPE

ELOGIO DE LA PEREZA
JACQUES LECLERCQ

EL INSTANTE PRESENTE
JACQUES PHILIPPE

Tercera edición

EDICIONES RIALP, S. A.
MADRID

Preimpresión: produccioneditorial.com
ISBN: 978-84-321-4427-1
Depósito legal: M-3450-2019
Impreso en Estilo Estugraf, S.L. Ciempozuelos (Madrid)

ÍNDICE

ELOGIO DE LA PEREZA

PRESENTACIÓN 9

ELOGIO DE LA PEREZA 11

APÉNDICE AL «ELOGIO DE LA PEREZA», REDACTADO EN NOVIEMBRE DE 1948 33

EL INSTANTE PRESENTE

EL INSTANTE PRESENTE 39

1. Libertad e instante presente 39

2. El verbo amar solo se conjuga en presente 43

3. Solo se puede sufrir un instante 45

4. A cada día le basta su contrariedad 47

5. El mañana se preocupará de sí mismo   50

6. Vivir, y no esperar a vivir 54

7. La disponibilidad hacia el otro 57

8. El tiempo psicológico y el tiempo
interior 59

JACQUES LECLERCQ

ELOGIO DE LA PEREZA

PRESENTACIÓN

Lo peligroso de las balas no es el trozo de plomo de que constan, sino su velocidad. Lo malo de nuestra civilización no es la técnica, ni siquiera la masificación, sino su prisa, su trepidación, o, con otras palabras, la pérdida del sentido de contemplación, de aquella actividad del espíritu que, al decir de la Teología, constituye el fin mismo del ser espiritual.

Para introducir el sentido de contemplación hay que empezar inoculando «serenidad» a nuestras vidas, esa paz noble y superior que tan bien sabe expresar el bello vocablo castellano. De ello, de la vida serena, nos hablará el canónigo Leclercq con la finura e ironía que le son propias, parodiando los célebres «elogios» posmedievales.

Es este un libro de fruto espiritual discreto y profundo. Discreto, porque a primera vista no aparece; profundo, porque en lugar de animarnos a bien vivir nos enseña simplemente a vivir. ¿Os habéis fijado que no hay ni un detalle del Evangelio del que se pueda colegir que Jesús haya tenido nunca prisa?

ELOGIO DE LA PEREZA

El «Elogio de la pereza» se pronunció a modo de discurso de ingreso en la sesión pública de la «Libre Académie de Belgique», celebrada el 17 de noviembre de 1936.

Era una respuesta al saludo dirigido al nuevo académico en nombre de sus colegas.

Dicen que los grandes artistas son los que sacan de una materia pobre una obra bella. Acabáis de oír cómo se hace. He gozado al oírlo, como vosotros e incluso más que vosotros, por conocer mejor a la persona. Y mi agradecimiento, después de tantos discursos inteligentes y profundos, y mi obsequio al ingresar en esta comunidad, que no acepta el nombre de Academia sino para repudiar inmediatamente todo aquello que se llama académico, ha de ser haceros el *elogio de la pereza.*

¿Por qué este título? En verdad que no lo sé. Sin duda se lo habré puesto a impulso de mi perversidad natural. ¿Acaso se razonan estas cosas? La «gana», como diría Keyserling; la «libido», añadiría Freud. Pero prefiero, dejando a un lado todos esos términos cultos que exceden mi entendimiento, decir, con más sencillez, con mi Salvador, que de la abundancia del corazón habla la boca.

Sí; eso creo que es, y, además, se me ha confirmado, porque uno de mis antiguos alumnos, uno de los que más quiero, que me ha entendido y a quien yo he creído comprender desde el primer día que le vi, me escribía estos días que se había enterado por la Prensa de que yo pronunciaría esta tarde «ese *Elogio de la pereza* que todos sus amigos y discípulos esperan de usted».

Y tan pronto como empiezo me avergüenzo, y me excuso de mi falta de lógica.

Pues el mejor elogio de la pereza hubiera sido el del ejemplo, excusándome con un telegrama que me hubiera dispensado de todo trabajo. Escribir este discurso, trabajar para pulir las frases que tan penosamente se van alineando para cantar la dulzura y la virtud de la indolencia, me parece una contradicción; por más que examino todos los aspectos del problema no acabo de salir de él. ¿Quién ha dicho que hay en todo hombre una mujer ignorada y que la mujer no tiene más lógica que la del sentimiento? Claro, eso es lo que me pasaba; ¡qué más querría yo que comparecer esta tarde ante tan docta asamblea y haber encontrado un buen título!

¡Qué agradable es un buen título!

Las palabras seducen, cantan, bailan en el espíritu; las miradas se encienden al posarse en el cartel; se propaga por la ciudad..., pero lo malo es lo que hay que ponerle después debajo.

Sin duda alguna, nuestro siglo es el primero, desde los lejanos tiempos en que Adán, tumbado al lado de Eva, saboreaba el gozo del mundo bajo el árbol de la Vida, en que puede decirse que viene a punto el elogio de la pereza.

¿Por qué? Porque nuestro siglo se ufana de ser el de la vida intensa y esa vida intensa no es sino una vida agitada, porque el signo de nuestro siglo es la carrera, y los más bellos descubrimientos de que se enorgullece no son descubrimientos de sabiduría, sino de velocidad.

Y nuestra vida no es propiamente humana más que si en ella hay lentitud, sin que esto quiera decir que haya de ser del todo ociosa; también puede hacerse un elogio del trabajo, pero el trabajo, el esfuerzo, ha de partir de un reposo y desembocar en un reposo. Las grandes obras y los grandes gozos no se saborean corriendo.

Acumular carrera sobre carrera no es acumular montañas, sino vientos.

¿Cuál es el fin de la vida y dónde está la felicidad? «¡Bah!, hagamos algo por lo pronto», dice el hombre de hoy; «ya veremos después lo que pasa». Ya sabéis que el hombre bien nacido de antaño se hubiera avergonzado de trabajar; hacía mal; el trabajo ennoblece, cuando es firme y equilibrado, y cuando tiene por fin producir un valor humano. El hombre bien nacido de hoy se avergüenza de no hacer nada, y también hace mal cuando se trata de esa forma de ociosidad que se sustrae a lo inútil y que permite volver a las regiones profundas del alma.

Y, naturalmente, al hablar yo así, inmediatamente una sombra invade nuestros espíritus: la de los sin trabajo que expían en lugar nuestro la fiebre de actividad sin objeto que marca nuestra época con su lepra.

...Ese hombre tiene una fábrica y gana tanto dinero que no sabe qué hacer con él. Está abrumado por el trabajo; las preocupaciones le surcan de arrugas la frente y en sus ojos brilla la dureza de los que ya no descansan nunca. Puesto que gana más de lo que necesita, ¿va a reducir su actividad, a tomarse algunos ratos de ocio para reflexionar, para mirar a su alrededor? No; ya sabéis lo que hace: crea otra fábrica con los beneficios de la primera; intensifica su trabajo inútil y sus preocupaciones. Y la consecuencia también la conocéis: fábricas que se cierran y el paro.

Pero desechemos este pensamiento que amenaza conducirnos a las ciencias económicas, la horrible ciencia de la producción y de los intercambios, cuyos secretos ha querido violar el hombre, y que lo atrapa, como la correa de la máquina tritura al desgraciado que por descuido mete el dedo.

En nuestros días no hay nadie más ocupado que un ocioso. ¿Conocéis a uno solo de estos que no se declare agotado y que no aspire a un reposo que nadie le prohíbe? Además, por supuesto, tiene la vida llena de preocupaciones inútiles... ¿En qué pasa ese tiempo que no le basta? Me es difícil decíroslo, pero el lenguaje contemporáneo posee algunas palabras impresionantes que sirven de noble etiqueta para muchas cosas huecas.

Por ejemplo, los negocios. Todo el mundo se ocupa de negocios. La gente va a sus negocios. Ya no se atreve nadie a decir que va a alguna parte sencillamente para divertirse. En el caso en que los negocios, por vagos que sean, no presentan ya justificación posible, se arruga la frente, la mirada se vuelve más preocupada aún y se dice: «Mi médico me manda descansar».

Por mi parte, y eso que me creo que he superado los prejuicios, cuando voy a comer a casa de un amigo, si por el camino alguien me pregunta en un tono que adivino reprobatorio: «¿Conque va usted a comer fuera de casa?», me siento obligado a defenderme contra la sospecha de dejarme llevar por el simple encanto de la amistad y adopto un aire grave para contestar: «Sí; tengo que ver a unos señores». El interlocutor comprende que no se trata de un simple gusto.

Existen también las reuniones. Todo el mundo asiste a reuniones. «Tengo cinco reuniones esta tarde», me dice Felipe. «Tengo tres convocatorias al mismo tiempo», me anuncian, cada vez que me los encuentro, todos los políticos que conozco. Tampoco le dicen a uno concretamente en qué consisten esas reuniones, que quizá se celebren alrededor de un billar o se consagren a saborear un oporto...

Ya sabéis cómo se viaja hoy en día. Los jóvenes que se respetan han visto, antes de cumplir los veinte años, la mitad de Europa, y la mayor parte de ellos incluso han cruzado los mares. La Bretaña requiere ocho días; Austria, diez; tres semanas para Italia ya es mucho; las orillas del Rin son cosa de un fin de semana. Se hacen trescientos kilómetros diarios...

Cuando voy en coche con alguno de esos hombres ricos que me honran con su amistad, me ocurre más de una vez pasar por una ciudad que no conozco, Saint-Nicolas-Waes, por ejemplo, o Grammont, o también, a una vuelta del camino, descubrir un lugar que me encanta... Todo eso apenas si lo veo, lo adivino más bien, y adivino algunos viejos muros, porque nuestros coches están, como sabéis, construidos de tal suerte que no se ve más que la carretera que se tiene delante o el paisaje, si es muy llano; el techo es muy bajo; aplasta, por decirlo así, la mirada; además, ¿qué falta hace ver otra cosa que no sea la carretera, puesto que el único fin de un automóvil es rodar? Todo esto está lleno de símbolos. Sí, pero es que «el mundo no es la carretera; el mundo es la Naturaleza, toda la Naturaleza, y la obra de los hombres extendida por ella, y la carretera, ¿para qué se hizo sino para conducirnos a toda la belleza del mundo?

Rodamos, y pido que nos paremos para ver, para mirar un viejo muro, o una casa nueva, o una pradera esmaltada de flores en primavera, o el paisaje que tenemos a nuestros pies, con los pueblos de rojos tejados entre huertas, los bosquecillos y las filas de álamos, el arroyo que serpentea o los ásperos brezos, y los grandes estanques llenos de juncos de la llana campiña... Todo eso es adorablemente trivial; es lo eterno y lo cotidiano; todo eso es el universo, el viejo cosmos que cantaban ya en los albores de la Historia los bardos de Grecia y de la India...

Embriaguez de pasearme por mi Brabante natal, a lo largo de esos caminos que serpentean entre la tierra arcillosa con líneas ondulantes y firmes como la grupa de una yegua; de esos caminos abiertos en la arena amarilla, con ese aire que no se respira en ningún otro sitio del mundo, esa luz del país donde nunca hay sequedad completa, y donde los vapores que suben del suelo, mañana y tarde, envuelven a la Naturaleza con un manto de incienso.

Pero me olvidaba de mi historia... Recordaréis que iba en coche. Pido que nos paremos. «No hay nada que ver», me contestan; y otras veces: «Si nos paramos por todas esas cosas, no llegaremos nunca».

Me contestan eso hasta cuando se trata de un simple paseo y no tenemos que llegar a ningún sitio determinado…

Y otras veces no me contestan nada; aprietan el acelerador. Y ya, después de algunas experiencias, no me atrevo a decir nada.

Ya sabéis en qué consiste una visita a un museo. Para que se entienda mejor, lo guían a uno. Esto quiere decir que un personaje de voz sonora impone su autoridad para hacer que os detengáis ante los lienzos que hay que admirar. Con la misma autoridad os impone la edad de los mismos, su autor, sus cualidades. Y os martillea esas cualidades como si manejara uno de esos mazos que usaban y quizá aún usan los tasadores de subasta: «*Oh, beautiful!*», exclaman nuestras vecinas del otro lado de la Mancha; ¡qué bonito!, «*wat mooi!*», murmuran nuestras hermanas del Norte. Pero, ¿minutos de silencio?… ¡ni uno!

Se sale, se ha visto todo, no se sabe nada; se tiene la cabeza deshecha. Pero ¿se visitan todavía los museos? ¿Viajar no es desplazarse, rodar, hacer kilómetros, ver mundo…, ver mundo a condición de verlo de prisa?

La gente civilizada no dedica más de un día a visitar París, por supuesto en autocar, con una especie de ser mugiente al lado del chófer, que detalla a voz en grito, ayudándose incluso a veces de un megáfono, las obras de arte, de gracia y de delicadeza acumuladas por los diez siglos de civilización francesa...

¿Dónde está el «simón» descubierto que se tomaba por dos francos la hora para dejarse llevar a través de la vieja ciudad al paso cansino de un caballo soñoliento? Y el bueno del cochero, con el color algo subido a causa de las copas necesarias para resistir el frío, se inclinaba fraternal y señalaba con el látigo: «Eso, señor, es la plaza de Petit-Sablon, "ande" al conde de Egmont y de Horme le cortaron la cabeza por orden del duque de Alba».

Cuando yo era niño tenía una tía anciana —la tía Amelia—; mejor dicho, una tía abuela, una de esas tías solteronas —¿existe aún esa raza?—, muy digna, rígida, que nunca hubiera consentido sentarse en un sillón, sino solo en una silla de respaldo rectilíneo; una de esas tías solteronas de las que se decía muy bajito que habían tenido más de una ocasión de casarse, pero que eran ellas las que no habían querido, y cuya misión especial parecía ser la de conservar los recuerdos de la familia y mimar a sus sobrinos-nietos.

Nos hablaba a menudo del gran viaje a Italia que había hecho con su madre después de morir mi bisabuelo; debía de ser por 1870. El viaje había durado seis meses; se habían quedado dos meses en Roma. Hoy, el que dispone de seis meses y de algunos recursos, se cree obligado a dar por lo menos una vez la vuelta al mundo.

Pero cuando se corre durante seis meses a lo largo del planeta, se ha visto menos de lo que yo veo en el mismo tiempo, aspirando los olores de mi tierra. ¿Conocéis nada más decepcionante que unos jóvenes que vuelven de viaje? Sus impresiones se reducen poco más o menos al precio de la gasolina en los distintos países, a algunas opiniones de cocina comparada, a veces a una vista rápida de algún paisaje.

¿Habéis visto alguna vez a un estudiante que toma un tren al día siguiente de haberle dado su padre unas monedas en un arrebato de buen humor? Para un viaje de media hora se compra tres periódicos, dos revistas y un semanario o dos. Cuando llega a su destino ya se lo ha leído todo. Claro que no sabe nada; cuanto más lee, menos sabe; del mismo modo que cuanto más corre, menos ve.

Por mi parte, despliego todas mis energías para no recibir periódicos. Después de una lucha feroz en que la violencia alternaba con la astucia, todavía recibo cinco diarios y todas las semanas ocho semanarios. No me atrevo a cantar los bimensuales, los mensuales, los bimestrales y los trimestrales. Es una arroba de papeles. Cómo lo resiste el cartero y cómo puede ganar la Administración de Correos, no lo entiendo. He intentado echarlos al cesto sin abrirlos, pero mi cesto no basta; necesitaría una barcaza. Así, pues, he adoptado una resolución desesperada: los dejo que se amontonen sobre la mesa y me voy sepultando.

Pero os estoy contando cuentos, y ya no sé si me ciño a mi objeto.

¿Habéis observado que para mirar hay que pararse? ¿Y para hablar también?

Así, cuando escribo esto, en los sitios en que hablo para no decir nada, mis dedos corrían solos por el teclado de la máquina; pero en cuanto intentaba decir algo, tenía que pararme.

Cuando se hace una ascensión el ejercicio es violento, y el esfuerzo capta la atención. Pero cuando se llega a la cumbre y uno se para, entran entonces en nosotros el aire, y la luz, y todo el esplendor del paisaje. A veces ocurre esto también durante la subida, cuando se hace un alto en un lugar apropiado. De repente se siente uno como envuelto en ese esplendor que penetra de todas partes; uno mismo ya no actúa, ya no se mueve, ya no hace esfuerzos; somos sujetos pacientes y nos invade la hermosura de los seres.

El señor que juega a hacer de bólido para batir los *récords*, ya vaya a pie, en coche o en avión, no ve nada; pero el chiquillo que vaga a lo largo de los bulevares, que se pasea en bicicleta por el bosque de Soigne durante toda la tarde de un jueves, y el que devora las aventuras del capitán Corcorán y olvida que existe el mundo en la embriaguez de su lectura, ese es el que se enriquece.

Cuando Descartes tuvo el sueño profético que decidió su vocación, estaba practicando lo que llamamos en nuestros días una dulce «flema». Y Newton debajo de su árbol, y Arquímedes en su baño. Y cuando Platón platicaba con sus amigos en los jardines de Academos, no practicaba lo que nuestro siglo llama vida intensa. ¿No son sus diálogos pura morosidad?

No; no es corriendo, no es en el tumulto de las gentes y en el apresuramiento de cien cosas atropelladas como se reconoce la belleza y como florece esta. La soledad, el silencio, el reposo, son necesarios para todo nacimiento, y si alguna vez un pensamiento o una obra de arte surgen como un relámpago, es que ha habido antes una larga incubación de morosidad.

Uno de mis amigos fue promovido, casualmente, a las envidiables funciones de ministro del Rey —a fin de cuentas aún tengo buenas relaciones— y le escribí en seguida para aconsejarle con insistencia que propusiera que el Gobierno se fuera, todas las semanas, a pasar un día entero en el campo, y que después de haber almorzado en el cenador una chuleta con patatas fritas, seguida de unos *crèpes*, acompañado todo de buena cerveza de nuestra tierra, se tumbaran en un prado verde, con una brizna de hierba entre los dientes, y escuchasen en silencio cómo los invade la sabiduría eterna de la tierra ancestral.

Excuso deciros que no se siguió mi consejo. Y ya veis cómo nos va.

Pero en esto estoy en mi terreno; en estas materias soy persona competente, y os digo, como sociólogo, que una de las primeras condiciones de un buen Gobierno es la de tener gobernantes con el espíritu ágil, el alma serena y el corazón en paz. ¿Cómo queréis que funcione el mundo con todos esos hipertensos frenéticos?

Sí; la paz, el silencio y no tener prisa. El libro del que se lee una página y que se deja caer para oír cantar la canción interior, y el lienzo ante el que uno se detiene, se sienta y se olvida de seguir adelante. Y el paisaje, nuestro glauco mar del Norte, el cielo, nuestros cielos grandes de países llanos que se comen el paisaje, y nuestros panoramas de las mesetas de las Ardenas, con su fondo de vapor azul, todo esto que se apodera de nosotros y nos impregna lentamente, y se dilata, es como nuestro ser que se extiende. Pero no es solamente eso lo que penetra en nuestro interior; otra cosa también asciende de algo muy profundo en nuestro fondo; sube, canta, se dilata, nos invade y se apodera de nosotros; son todos los sueños de infinito, todas las nostalgias de pureza, todas las aspiraciones a un no sé qué total y pleno, perfecto, absoluto, al Todo, a lo Inefable, que desafía a la palabra y al pensamiento, y que es, sin embargo, el verdadero subsuelo del hombre y que es lo que únicamente vale la pena vivir…

No me entendéis, pero ¿puede entenderse algo del verdadero fondo de los seres y de nosotros mismos? ¿O es que no se comprende sino viviendo? Y esto lo grita la vida de toda la Humanidad, desde el adolescente que sueña con un gran amor hasta el asceta, que lo deja todo para buscar a Dios, y el artista, cuyo lápiz persigue la belleza en las líneas y que llora sobre su obra si es verdadero artista, porque no encuentra lo que su espíritu había soñado.

Leemos en el libro del *Éxodo* que Jehová llamó a Moisés a la montaña. Moisés subió a la montaña y penetró en la nube que cubría la cúspide. Esperó la voz divina, pero Dios no habló.

Moisés esperó una hora entera, esperó un día; Dios no hablaba. Esperó otro día; Dios guardaba silencio. Un tercer día, un cuarto día, Moisés esperó toda una semana. El séptimo día, Dios habló.

No se hace venir a Dios como se llama a un ordenanza. Para oír la voz de Dios hay que saber esperar. Moisés esperaba sobre la montaña; ¿qué hacía entonces en aquel momento? Nada; esperaba. ¿Era que no tenía nada que hacer? ¡Ya lo creo! La Historia no lo oculta: apenas se alejaba, todos esos judíos, en la llanura, se peleaban. Moisés, sin embargo, se queda en la montaña; se queda, pierde el tiempo, según el lenguaje de hoy: se queda porque espera la voz de Dios.

El séptimo día, Dios habla.

¿No oís nunca la voz de Dios? Si vosotros hubierais subido a la montaña, a la media hora hubierais dicho: «Esto no vale», y hubierais vuelto a bajar.

Tengo una devoción especial por el anciano Simeón, porque había llegado al límite de la edad, nos dice el Libro Santo, esperando la consolación de Israel. Y la reconoció cuando sus padres lo trajeron al templo, la reconoció en el Niñito tan sencillo en el que los demás no veían nada… Y los Magos, ¿creéis que hubieran visto la estrella si no se hubieran quedado a veces en la azotea de su casa mirando al cielo?

No veis nunca la estrella, como tampoco oís a Dios. ¿Pero acaso miráis aún a las estrellas? ¿Os quedáis así, sin moveros, en el silencio de la noche, dejando que fluya en vosotros el titilar de los astros en el fondo del cielo? Sí; miramos al cielo con un telescopio y contamos los cráteres de la luna.

Nuestro siglo ya no cree en las estrellas que anuncian al Niño. Apenas los católicos consiguen creerlo, porque ¡es algo tan antiguo! Y si hay que aceptar lo que dice un libro de moda que leía yo hace poco, los que oyen la voz de Dios son mucho más contados en nuestra época que en otras.

Naturalmente, ¿cómo queréis que se le oiga cuando por todos los sentidos entra un ruido de Babel, una confusión de sonidos, de colores y de formas, de sensaciones, de ideas, de imágenes en tropel; cuando, a los doce años, cualquier niño se sabe de memoria las marcas de automóviles, todos los campeones ciclistas y del balón, todas las estrellas de cine? ¿Cómo queréis que con todo ese desorden se oiga cantar la canción interior, esa canción que empieza por la vibración de una gota de rocío sobre el tallo que se inclina, por el canto del pájaro y el capullo que se abre, y que, dilatándose y profundizando lentamente, termina por convertirse en nosotros en la voz de lo inefable?

¡Ah!, dejemos que cante esa voz.

Escuchad, puesto que en eso estamos; tratemos de olvidar por un momento que tenemos siempre diez cosas que hacer a un mismo tiempo y que, esta misma noche, tenemos prisa.

Ya lo sé, ya. Cuando dispusimos el quehacer de esta tarde, lo primero que nos preocupaba era limitar el tiempo dedicado a las palabras para que el acto no durara demasiado.

Bueno, pero, ahora vamos a olvidar esto durante un rato. Os prometo que no será largo. Intentemos estar aquí, un ratito, como si no existiera ninguna otra cosa, como si repentinamente ya no existiera el tiempo y, en la inmovilidad del minuto, lo eterno se hiciera en nosotros. Y no suspendamos nuestra respiración como quieren los que practican el yoga, sino todos esos estados turbios, todo, el tumulto, si podemos hacerlo, porque el castigo del tumulto es que finalmente no se consigue hacerlo callar, y después de haber corrido, gritado, después de haberse agitado por gusto, como esos derviches que dan vueltas, y que empiezan cadenciosamente, se termina por dejarse llevar del frenesí, y es el tumulto el que nos posee.

Sí; haya paz en nuestras almas y procuremos soñar que hay difundido en el mundo un amor; el mundo no sería tan bello si no lo habitara un amor inmenso. Los hombres se matan entre sí, ya lo sé, pero es porque no saben de amor.

Sí; paz en nuestras almas para oír la voz, la voz que al principio no se distingue de la impresión que hacen las cosas, pero que poco a poco se convierte, en no se sabe qué; esa experiencia indecible que no pueden comprender los que no la han vivido y por la que lo dan todo aquellos que la conocen.

Es oír y es ver, y se ve al que vive.

Pero esta vez me pierdo, y leo en vuestros ojos que ya no estoy en lo que debía estar. Perdonadme. Pero, después de todo, ¿de qué queríais que os hablara? En medio de esta asamblea en la que se encuentran tantos hombres y mujeres de talento, filósofos, sociólogos, novelistas y poetas y artistas del color, del sonido y de la forma, ¿qué papel queréis que haga yo?

Os he dicho en broma, es verdad, que era sociólogo, y habéis comprendido. Vuestra risa me lo ha probado. No soy sabio; no soy letrado. No soy más que un pobre hombre a quien Dios ha tocado con su carbón encendido. Y contra ese toque no hay nada que hacer: se arde.

Y lo que puedo traeros, lo que puedo aportar a esta sabia compañía que me honra con su acogida, no es, en verdad, más que eso: el testimonio de mi visión.

APÉNDICE AL «ELOGIO DE LA PEREZA», REDACTADO EN NOVIEMBRE DE 1948

¡Han pasado doce años!

Ha habido una guerra. Quizá, por una parte, nos ha salvado de la velocidad, porque la velocidad estaba reservada a los ejércitos.

Se circulaba a pie, en bicicleta, en tranvía. Y la gente se quedaba mucho en casa.

La guerra nos ha hundido en la miseria.

Algo de eso queda. La vida se ha simplificado; se busca más lo real.

La juventud que hace *auto-stop* y *camping* tiene calma, calma en sus movimientos y calma ante la vida. Los padres pierden los estribos e intentan hacérselos perder a sus hijos, pero los jóvenes de hoy no han visto más que catástrofes. Lo normal es lo que se ha visto siempre. La atmósfera de catástrofe no los turba, y los mejores enfocan con mirada tranquila esa vida en la que nada es seguro.

Los viejos se siguen agitando. En una de las últimas crisis ministeriales de Francia cayó el Gobierno durante una sesión nocturna. A la una de la mañana fue a entregar su dimisión al Presidente de la República. Al pobre viejo lo sacaron de la cama… Después fue a acostarse otra vez a esperar el día siguiente para continuar.

A la vieja generación le gusta el melodrama de los actos solemnes a altas horas de la madrugada.

Los jóvenes de hoy dan sus paseos por Europa y más allá de los mares; es un paseo; su aire es a la vez preciso e indolente. Los medios rápidos son para ellos parte de su naturaleza: siempre los han visto, pero van de prisa sin apresurarse.

Los viejos estaban muy orgullosos de ir de prisa; se excitaban, gritaban. Lo natural es lo que se ha visto siempre.

El chiquillo londinense de Chesterton, que, al ver en el campo la luna llena, la compara con un faro eléctrico…

«Esta carretilla no anda», dice mi primito de siete años cuando el auto va a sesenta.

Ya no hay por qué presumir por unos centenares de kilómetros cuando se franquea el océano en un vuelo.

Además, la velocidad parece tocar su extremo; ¿no se confundirá con la inmovilidad?

Conozco a un piloto de aviación dedicado a los grandes transportes transoceánicos. Es apacible y, en sus días de descanso, se va de preferencia al campo, donde le encanta jugar con los chiquillos. Al inaugurar la línea Bruselas-Johannesburgo, dijo: «Cuando llegué, creí que estaba en Charleroi». Ya no hay distancias.

Sí, ya no hay distancias; ya no hay movimiento.

¿Veremos el advenimiento de una Humanidad nueva que hubiera digerido la técnica?

Ya no se leen muchos periódicos y parece que se va pasando el afán de universalismo. Se empieza a saber que el mundo es demasiado grande para que un solo hombre pueda conocerlo todo. Cada uno, pues, se hace su agujero. ¿Están hastiados o son realistas, resignados o modestos? Sin duda lo uno o lo otro, según los caracteres; pero el conjunto se resuelve en un regreso a la tranquilidad. Y la vida interior se abre camino.

El héroe de Maugham en *El filo de la navaja* se hace chófer de taxi para poder reflexionar. Es verdad; veo a los chóferes de taxi en la parada por la que paso todos los días;

duermen, charlan o miran pasar a la gente. Tienen tranquilidad.

Y hay nuevas Carmelitas que practican la contemplación, trabajando de obreras o de dependientas...

El hombre digiere la máquina. El bocado era gordo; ha hecho falta tiempo; pero se consigue. Nunca se matará al alma.

El hombre digiere la máquina, digerirá la velocidad, pero no se cansará de lo inefable. «Primum vivere». No; muchos hombres han estado siempre dispuestos a morir por una idea.

Todo esto es muy diferente de lo que se lee en la prensa. Pero el comunismo y el capitalismo, y la bomba atómica, forman parte de lo que pasa. Lo colectivo pertenece al epifenómeno. El fondo del hombre pertenece a lo inefable.

Podrán ensordecernos, atontarnos con el tumulto. El hombre volverá siempre a la ley de su ser.

JACQUES PHILIPPE

EL INSTANTE PRESENTE

EL INSTANTE PRESENTE[1]

1. LIBERTAD E INSTANTE PRESENTE

Una de las condiciones indispensables para conquistar la libertad interior es la capacidad de vivir el instante presente. Es este tema absolutamente fundamental el que nos disponemos a desarrollar ahora.

Primera observación: no podemos ejercer auténticamente nuestra libertad si no es en el instante presente. Carecemos de toda influencia sobre el pasado, del que no podemos cambiar ni una coma; cualquier escenario imaginario sobre el que intentemos revivir algún hecho pasado del que nos arrepentimos o que consideramos un descalabro (debería haber hecho esto o aquello...) cae por su propio peso: no es posible echar marcha atrás

---

[1] Jacques Philippe, «El instante presente» en *La libertad interior*, Rialp, 2014 (17.ª ed.).

en el tiempo. Solo hay un acto de libertad que podamos plantear con respecto a nuestro pasado: aceptarlo tal como es y ponerlo confiadamente en manos de Dios.

Tampoco somos capaces de dominar nuestro futuro: sabemos muy bien que, independientemente de cuáles sean nuestras previsiones, planes y promesas, basta muy poco para que nada salga como pensábamos. Es imposible programar la vida; solo nos queda acogerla un instante tras otro.

A fin de cuentas, lo único que nos pertenece es el momento actual: solo en este medio nos podemos plantear actos libres; solo en el instante presente establecemos un auténtico contacto con la realidad.

Existe la posibilidad de entender trágicamente el carácter fugaz del momento actual o el hecho de que ni el pasado ni el futuro nos pertenezcan. Pero, desde la perspectiva de la fe y la esperanza cristianas, el instante presente se revela ante nosotros como un tesoro de gracia y de inmenso consuelo.

En primer lugar, el «ahora» es el de la presencia de Dios: *yo estoy con vosotros todos los días hasta el fin del mundo*[2]. Dios es el eterno

---

[2] *Mt* 28, 20.

presente. Tenemos que convencernos de que cada instante, sea cual sea su contenido, está lleno de la presencia de Dios y supone la posibilidad de la comunión con Dios. Nuestra relación con Dios no se establece en el pasado ni en el futuro, sino mediante la aceptación de cada instante como el lugar de su presencia, el medio en el que se da a nosotros. Cada segundo constituye un momento de comunión con la eternidad; en cierto sentido, contiene la eternidad. En lugar de proyectarnos constantemente sobre el pasado o el futuro, deberíamos aprender a vivir cada momento como suficiente en sí mismo, como plenitud de existencia, porque en él está Dios; y, si Dios está en él, no nos falta nada. Nuestra sensación de vacío o frustración, esa impresión de que carecemos de esto o aquello, proviene a menudo del hecho de vivir en el pasado (entre lamentos y decepciones) o en el futuro (cargados de temores o vanas esperanzas), en lugar de habitar cada segundo acogiéndolo tal como es, es decir, lleno de una presencia de Dios que —si nos unimos a ella con fe— nos fortalece y sostiene. Como dice el salmo 145, *todos los ojos se dirigen expectantes a ti, y tú les das su alimento a su tiempo. Abres tu mano y sacias a todo viviente a placer.*

Desde una perspectiva cristiana, esta realidad de la gracia del instante presente es muy liberadora. Por muy desastroso que haya sido mi pasado, por muy incierto que parezca mi futuro, *ahora*, con un acto de fe, de confianza y abandono, puedo ponerme en contacto con Dios: Dios eternamente presente, eternamente joven, eternamente nuevo, a quien pertenecen mi pasado y mi futuro, y que puede perdonarlo todo, purificarlo todo, renovarlo todo... *Te renovará en su amor*[3]. En el momento presente, a causa de ese amor infinitamente misericordioso con que me ama el Padre, siempre cuento con la posibilidad de volver a empezar de cero, sin que el pasado (por lamentable que haya sido) me lo impida, y sin que el futuro (aunque parezca oscuro) me atormente. Mi pasado está en manos de la Misericordia divina, que puede sacar provecho de todo, tanto de lo bueno como de lo malo, y mi porvenir en manos de Su Providencia, que no se olvidará de mí. Esta actitud de fe es sumamente valiosa, pues evita que vivamos como tantas personas que sufren una permanente insatisfacción, sintiéndose «ahogados» en-

---

[3] *Sof* 3, 17.

tre un pasado que les pesa y un futuro que les inquieta. Por el contrario, vivir el instante presente ensancha el corazón.

2. EL VERBO AMAR SOLO SE CONJUGA EN PRESENTE

En los tratados de espiritualidad se suele hablar de las etapas de la vida interior: los grados de la escala de virtudes o los peldaños de la escalera hacia la perfección; según el autor, se enumeran tres, siete, doce o cualquier otra cifra. Sin duda, hay mucho que aprender de estas consideraciones, sea de la descripción de las siete moradas de santa Teresa de Jesús, sea de los doce grados de la humildad de la regla de san Benito.

Sin embargo, la experiencia me ha enseñado a ver las cosas de otra manera. Suelo decir en broma que la escalera hacia la perfección no tiene más que un peldaño: el que subo *hoy*. Sin preocuparme ni del pasado ni del futuro, *hoy* me decido a creer, *hoy* me decido a poner toda mi confianza en Dios, *hoy* elijo amar a Dios y al prójimo. E, independientemente del resultado de mis buenos propósitos, sean un éxito o un fracaso, al día siguiente —que es un nuevo *hoy* que me regala la paciencia divina— vuelvo a empezar. Y así incansablemente, sin intentar medir mis progresos y sin querer saber dónde me encuentro. Sin desanimarme por los reveses ni vanagloriarme de mis logros; sin contar únicamente con mis propias fuerzas, sino solo con la fidelidad del Señor.

San Pablo describe así esta actitud fundamental de la vida espiritual: *olvidando lo que queda atrás, persigo lo que está delante, lanzándome hacia la meta, hacia el premio de la excelsa vocación de Dios en Cristo Jesús... cualquiera que sea el punto al que hayamos llegado, caminemos en esa misma dirección*[4]. Estas palabras dan cuerpo a un aspecto fundamental de la espiritualidad monástica. San Antonio de Egipto, padre de la vida monástica (que vivió 105 años y a los cien decía: «aún no he empezado a convertirme»), repetía sin cesar estas frases de san Pablo, según cuenta su biógrafo, san Atanasio, quien añade: «También recordaba las palabras de Elías: "El Señor vive en quien hoy está junto a mí"; y señalaba que, al decir *hoy*, Elías no tenía en cuenta el tiempo pasado. De tal modo

---

[4] *Fil* 3, 13-16.

que, manteniéndose siempre en los comienzos, se esforzaba cada día por presentarse ante Dios como hay que mostrarse ante Él: con un corazón puro y dispuesto a obedecer su voluntad y ninguna otra»[5]. Todos los santos han puesto por obra esta actitud, de la que santa Teresita es un claro ejemplo: «¡Oh, Jesús!, para amarte no tengo nada más que el hoy»[6].

3. SOLO SE PUEDE SUFRIR UN INSTANTE

Este empeño por vivir cada instante tal como se presenta, abandonando tanto el pasado como el futuro en las manos de *la dulce misericordia de Dios* —según expresión de Bernanos—, es más importante aún en momentos de sufrimiento. Esto es lo que decía Teresa de Lisieux durante su enfermedad: «Únicamente sufro un instante. Solo nos desanimamos y nos desesperamos si pensamos en el pasado y en el porvenir...»[7]. No podemos estar sufriendo toda la vida; solo

---

[5] *Vida de san Antonio*, por san Atanasio de Alejandría.
[6] Poesía PN5.
[7] *Cuaderno amarillo*, 19 de agosto.

se puede sufrir un instante detrás de otro. Nadie posee capacidad para estar sufriendo diez o veinte años. Tenemos la gracia para sobrellevar el sufrimiento que nos corresponde *hoy* y ahora. Lo que normalmente acaba por hundirnos es la proyección en el futuro; no el dolor, sino la representación que nos hacemos de él. «El gran obstáculo es siempre la representación, y no la realidad. Cargamos con la realidad y todo su sufrimiento, con todas las dificultades que comporta: la cargamos, nos la echamos a la espalda y es llevándola encima como aumenta nuestra resistencia. Sin embargo, con la representación del dolor —que no es el dolor, porque este es fecundo y puede hacernos hermosa la vida— sí hay que acabar. Y es acabando con esas representaciones que aprisionan la vida tras sus barrotes, como liberamos en nosotros mismos la vida real con todas sus energías y como nos hacemos capaces de soportar el auténtico dolor, tanto en nuestra propia vida como en la de la humanidad»[8].

---

[8] Etty Hillesum, *Une vie bouleversée. Journal (1941-43)*, ed. Du Seuil, 1985, p. 230.

4. A CADA DÍA LE BASTA SU CONTRARIEDAD

A cada día le basta su contrariedad[9]: son estas unas de las palabras del Evangelio más llenas de sabiduría. Intentemos seguir esta enseñanza fundamental de Jesús no añadiendo a las penas de hoy, que ya son suficientes, las de ayer y las de mañana. Con frecuencia nos quejamos de sufrir demasiado, sin darnos cuenta de que a veces somos un poco masoquistas: como si no nos bastase el dolor de hoy, a este le sumamos los pesares de ayer y las inquietudes con respecto al mañana. No es de extrañar que nos hundamos... Para que la vida se nos haga soportable, es fundamental ejercitarse en no cargar más que con las dificultades de hoy, entregando el pasado a la Misericordia divina, y el futuro a la Providencia.

Permitimos que el pasado pese sobre nosotros cada vez que nos detenemos en nuestros remordimientos por las antiguas faltas; cada vez que rumiamos nuestros fallos, nuestra sensación de derrota; cada vez que recordamos en vano nuestras elecciones de ayer como si nos fuera posible modificarlas.

---

[9] *Mt* 6, 34.

Es evidente que tenemos que pedir perdón a Dios de nuestros pecados, o —llegado el caso— aprender la lección que nos enseña la experiencia, pero sin volver sobre ellos repetidamente. Hacerlo una vez con total sinceridad es suficiente. Debemos procurar reparar el mal que hayamos ocasionado siempre que sea posible, pero en la mayoría de los casos lo que hay que hacer es dejarlo todo en las manos de Dios, confiando en su omnipotencia para reparar, y sacar fruto hasta de nuestros errores. No se trata, claro está, de volvernos indiferentes ante el mal cometido, o de ser superficiales e irresponsables, sino de prohibirnos toda actitud o pensamiento que nos impidan vivir el instante presente o armarnos de confianza y sentido positivo: esto es lo que ocurre cuando nos abruman los remordimientos y sentimientos de culpa, cuando rumiamos nuestros fracasos y nos dejamos invadir por el desaliento a causa de los errores pasados.

A veces tenemos la sensación de haber perdido mucho tiempo de nuestra vida, de haber desperdiciado multitud de ocasiones de amar y crecer. Si este sentimiento nos impulsa a arrepentirnos y a recomenzar con coraje y confianza pidiendo a Dios la gracia de recuperar el tiempo perdido mediante la renovación de nuestro fervor, bienvenido sea. Pero, si ese sentimiento nos abate, si nos da la impresión de que nuestra vida está irremediablemente perdida, y que las cosas buenas y positivas que habríamos podido disfrutar en adelante nos están vedadas, entonces es preciso rechazarlo. No tenemos derecho a dejarnos acorralar por nuestro pasado: eso sería añadir un pecado más a los ya cometidos; sería una falta de confianza en la misericordia y el poder infinitos de Dios, que nos ama y está siempre dispuesto a ofrecernos una nueva oportunidad de alcanzar plenamente la santidad, sin que el pasado suponga jamás un impedimento. Cuando nos sentimos tentados por el abatimiento al considerar nuestro pasado y el escaso camino recorrido, es necesario hacer un gran acto de fe y de esperanza, como el siguiente: te doy gracias, Dios mío, por *todo* mi pasado; creo firmemente que, de cuanto he vivido, Tú podrás sacar un bien; no quiero tener ningún pesar y desde hoy me decido a recomenzar desde cero con *exactamente la misma confianza que si toda mi historia pasada no estuviera hecha sino de fidelidad y santidad.* ¡Nada podrá agradar más a Dios que esta actitud!

5. EL MAÑANA SE PREOCUPARÁ DE SÍ MISMO

Como acabamos de decir, tenemos el defecto de añadir al peso de hoy el del pasado, e incluso el del porvenir. El remedio contra esta actitud consiste en meditar (y pedir a Dios la gracia de vivir) las enseñanzas del Evangelio respecto al abandono en la Providencia: *Respecto a vuestra vida, no os preocupéis acerca de qué comeréis, ni respecto a vuestro cuerpo, acerca de qué os pondréis. Mirad las aves del cielo que no siembran, ni siegan, ni recogen en graneros, y vuestro Padre celestial las alimenta. ¿No valéis vosotros más que ellas? ¿Quién de vosotros, por mucho que se preocupe, puede añadir a su estatura un solo codo?... No andéis, pues, inquietos diciendo: ¿Qué comeremos?, o ¿qué beberemos?, o ¿con qué nos vestiremos?*[10].

No se trata de volverse irresponsables o faltos de previsión; tenemos obligación de trazar proyectos y pensar en el mañana. Pero es preciso hacerlo *sin inquietud,* sin esa zozobra que roe el corazón, que no resuelve absolutamente nada y que tan a menudo nos impide estar disponibles para lo que hemos de vivir en el instante presente. Hay que

---

[10] *Mt* 6, 25-34.

«procurar no añadir al peso de hoy el de la angustia que nos inspira el futuro»[11]. El corazón no puede quedar atrapado por lo incierto del mañana y recibir al tiempo la gracia del momento presente: una cosa excluye a la otra. Así pues, debemos *buscar el Reino*, es decir, recibir la presencia de Dios que se nos entrega aquí y ahora, en la búsqueda amorosa y confiada de su voluntad para el día de hoy, y *lo demás se nos dará por añadidura*. Esto, evidentemente, no quiere decir que en el futuro no vayamos a sufrir más pruebas o dificultades; sino que, a medida que se vayan presentando, contaremos con la gracia para asumirlas.

Convenzámonos de una cosa: la gracia, al igual que el maná que alimentó a los judíos en el desierto, no se «almacena». No se pueden obtener reservas de ella; solo se puede recibir instante tras instante. Forma parte de ese «pan de cada día» que pedimos en el Padrenuestro. El hecho de que hoy me sienta tan débil que me desmaye solo de pensar en un pinchazo, no quiere decir que el día de mañana no vaya a obtener la gracia del martirio, si eso es lo que se me pide.

---

[11] Etty Hillesum, *op. cit.*, p. 175.

Para permanecer libre tanto del pasado como del futuro, es imprescindible obligarse a hacer un trabajo de «reeducación» de nuestra psicología. Ciertas observaciones de sentido común pueden ayudarnos a ello.

Las cosas raramente ocurren como las prevemos; la mayor parte de nuestros miedos y aprensiones son totalmente imaginarios: todos tenemos experiencia de ello. Cosas que creíamos iban a resultar dificilísimas luego se revelan muy sencillas; y, por contra, se nos presentan obstáculos en los que nunca hubiéramos pensado. La correspondencia entre nuestra representación de los hechos futuros y lo que luego sucede realmente resulta tan pequeña que es preciso distanciarse de las obras de nuestra imaginación; vale más recibir las cosas tal como van viniendo una tras otra, en la confianza de que tendremos la gracia en el momento preciso, que montar todo tipo de escenarios «en previsión de» y para protegernos de lo que pudiera venir; escenarios que, por lo común, suelen resultar inadecuados. La mejor manera de preparar el futuro no consiste en pensar en él sin descanso, sino en estar bien anclado en el instante presente. En el Evangelio, tras advertir a sus discípulos que serán llevados ante los tribunales, añade Jesús: *Grabaos, pues, en vuestros corazones el no preocuparos por lo que habéis de responder, pues yo os daré tal elocuencia y sabiduría que no la podrán resistir ni contradecir todos nuestros adversarios*[12].

La proyección en el futuro y la representación que imagina nuestra mente nos apartan de la realidad y acaban impidiéndonos «manejar» esta de forma adecuada; absorben nuestras mejores energías, en definitiva. Citemos otro pasaje del diario de Etty Hillesum: «Cuando proyectamos de antemano nuestra inquietud sobre todo tipo de cosas por venir, impedimos que estas transcurran orgánicamente. Tengo una inmensa confianza en mí: no la certeza de ver lo bien que se me presenta la vida, sino la de continuar aceptando la vida y encontrándola buena, incluso en los peores momentos»[13].

Como hemos señalado en un capítulo anterior, el miedo al sufrimiento nos hace más daño que el sufrimiento mismo. Y así es como debemos empeñarnos en vivir: «Hay que eliminar a diario, como si fueran pulgas, las mil inquietudes que provocan en nosotros los

---

[12] *Lc* 21, 14-15.
[13] Etty Hillesum, *op. cit.*, p. 169.

días por venir y roen nuestras mejores fuerzas creadoras. Mentalmente tomamos toda
una serie de medidas para los días siguientes,
y nada —nada de nada— sale como habíamos previsto. A cada día le basta su propio
afán. Hay que hacer lo que hay que hacer; y,
en cuanto al resto, evitar dejarse contaminar
por las mil pequeñas angustias que son otras
tantas muestras de desconfianza en Dios.
Todo terminará arreglándose... Nuestra úni-
ca obligación moral es la de cultivar en nosotros vastos espacios de paz e ir ampliándolos
progresivamente, hasta que esa paz irradie a
los demás. Y, cuanta más paz exista entre las
personas, más paz habrá en este mundo en
ebullición»[14].

6. Vivir, y no esperar a vivir

Así pues, es conveniente no proyectarse
en el futuro y vivir el momento acogiendo la
gracia particular y aceptándola como buena,
sea de la naturaleza que sea, incluso si nos
desagrada. La vida presente siempre es buena, pues el Creador ha derramado sobre ella

---

[14] *Op. cit.*, p. 227.

una bendición que jamás retirará, ni siquiera aunque el pasado del hombre haya venido a complicar un poco las cosas. *Y vio Dios que era bueno,* dice el Génesis. Para Dios ver no es solamente constatar, sino dotar de realidad. Jesús también expresa esta verdad intrínseca de la existencia en los textos acerca del abandono en la Providencia a los que acabamos de aludir hace un momento: *¿Acaso no es la vida más que el alimento y el cuerpo más que el vestido?*[15].

A veces lo que nos hace proyectarnos en el futuro no es tanto la inquietud como la espera de circunstancias más felices. Quizá se trate de un hecho preciso: reencontrarnos próximamente con una persona a la que queremos, o la perspectiva de volver a casa después de un viaje largo y agotador...; o quizá no se trate de una espera de nada concreto, sino de una expectativa algo desvaída, o a veces imaginaria: esperamos confusamente el momento en que nos vaya mejor, o en que las circunstancias sean diferentes y nos permitan vivir cosas más interesantes. Aunque por el momento no vivamos plenamente, más tarde (¿cuándo?) «viviremos en serio». Por su-

---

[15] *Mt* 6, 25.

puesto que este tipo de espera, sea precisa o inconcreta, es totalmente legítima, pero comporta cierto peligro al que se debe estar atento; porque podemos pasar nuestra existencia no viviendo, sino *esperando a vivir*. Así pues, no resulta del todo indiferente «rectificar el tiro» por lo que respecta a esta actitud psicológica. En efecto, esta nos despega de lo real, de la vida presente: como lo que estoy viviendo ahora no me satisface, tengo la esperanza de vivir —dentro de algunos días, o de unos cuantos meses— algo más agradable, y me proyecto sobre ello, deseando que el tiempo pase lo más rápido posible para encontrarme por fin en esa situación futura que anhelo. No obstante, existe un riesgo de falta de cohesión con la realidad o de adhesión a lo vivido ahora. Por otra parte, ¿quién me garantiza que, cuando llegue, ese momento tan esperado no me defraudará? Y —lo que es más importante— corro el peligro de adoptar una postura en la que, a la espera de ese futuro en el que «viviré en serio», pase junto a mí algo que debería vivir *ahora*. Si no me instalo debidamente en el hoy, dejo pasar determinadas gracias. Hay que vivir plenamente cada instante, sin preocuparnos por saber si el tiempo pasa demasiado deprisa o demasiado lento, y aceptando cuanto llega hasta mí un momento detrás de otro.

No olvidemos tampoco que, a la hora de vivir lo cotidiano, Dios no espera de nosotros más que una cosa a la vez. Nunca dos. Y poco importa que la tarea que he de desempeñar parezca secundaria (barrer la cocina) o importante (pronunciar una conferencia delante de 40.000 personas): es preciso hacer una y otra metido en ellas, sencillamente y con calma, y no intentar resolver más de un problema a la vez. Incluso cuando me dedico a algo insignificante, sería un error hacerlo a toda prisa, con la impresión de estar perdiendo el tiempo, para pasar lo antes posible a una actividad que considero más importante. Desde el momento en que una cosa, por banal que sea, es necesaria y forma parte de la vida, merece ser cumplida por sí misma, es decir, estando plenamente presentes en ella.

7. La disponibilidad hacia el otro

Es este un aspecto fundamental en lo tocante a las relaciones de unos con otros. En cada encuentro con una persona, sea cual sea su duración, debemos transmitir la sensación de estar disponibles en ese momento al cien por cien, y de no tener ninguna preocupación ni otra cosa que hacer que estar con esa persona y vivir con ella lo que haya que vivir en ese instante, todo el tiempo que haga falta. Y no es una simple cuestión de cortesía, sino una verdadera disponibilidad del corazón. Esto es algo que cuesta mucho, porque tenemos un fuerte instinto de propiedad en lo relativo al tiempo, y el hecho de no poder dominarlo a nuestro antojo crea en nosotros cierta inseguridad. Pero el amor auténtico tiene este precio. Si Jesús nos pide que no nos dejemos inquietar, lo hace lleno de compasión y ternura, y sobre todo con el fin de salvaguardar la calidad de nuestras relaciones: un corazón habitado por la inquietud y la preocupación no se encuentra disponible para nadie y es incapaz de hacer de cada encuentro un momento de verdadera comunión del que el corazón salga contento. Los padres deben recordar que los niños pueden pasarse sin su presencia y sin reclamar constantemente su atención solo si disponen habitualmente de algunos momentos durante los cuales perciben que papá y mamá no tienen otra cosa que hacer que dedicarse a ellos. Si en lugar de confiar a Dios nuestras inquietudes nos dejamos devorar por ellas, seremos incapaces de proporcionar calidad a nuestra presencia, y el niño sufrirá la inseguridad de no saberse querido con certeza, incluso aunque lo inundemos de regalos costosos.

8. EL TIEMPO PSICOLÓGICO Y EL TIEMPO INTERIOR

Si nos esforzamos por vivir así, si profundizamos en nuestra relación con Dios y en nuestra vida de oración de manera que percibamos su presencia en nosotros y vivamos cualquier cosa en la mayor comunión posible con esa presencia que habita en nosotros, acabaremos haciendo un descubrimiento maravilloso: el del tiempo interior, ese ritmo de la gracia que conduce nuestra vida a su más profundo nivel.

En efecto, podríamos decir que hay dos modalidades de tiempo: el tiempo de la cabeza y el del corazón. El primero es el tiempo psicológico, el tiempo cerebral; el que nos representamos, calculamos y repartimos en horas y días; el que intentamos manejar y programar. Ese tiempo que siempre nos falta y del que nunca tenemos suficiente; el tiempo que o bien pasa demasiado deprisa, o bien demasiado despacio. Pero existe también otro tiempo: ese que experimentamos en ciertos momentos de dicha o de gracia, pero que en el fondo existe siempre; el tiempo en el que deberíamos aprender poco a poco a instalarnos de modo permanente. Este tiempo es el tiempo de Dios, el de los hondos ritmos de la gracia en nuestra vida. No es un tiempo desmenuzado ni repartido en pedazos, sino hecho de una sucesión de instantes que se encadenan unos con otros armoniosa y apaciblemente. Cada uno de esos momentos es un todo en sí mismo y conlleva una plenitud que lo colma y hace que no falte nada, que sea suficiente porque está lleno. Lleno porque hago lo que he de hacer en comunión con la voluntad divina y siendo dócil al Espíritu Santo. Lleno de nuestra presencia ante Dios o de nuestra presencia ante tal o cual persona con la que nos encontramos, hablamos o coincidimos; lleno de nuestra presencia ante esta o aquella tarea que desempeñamos con calma y poniendo toda nuestra atención y nuestro corazón. Este tiempo es comunión con la eternidad; no lo programamos (de hecho, no podemos vivirlo a menos que procuremos desprendernos de nuestros planes); más bien, lo acogemos.

Si nos mantuviéramos siempre en este tiempo, le daríamos menos oportunidades al mal. El demonio se infiltra en los tiempos vacíos o mal vividos por rechazar esto o buscar aquello otro con avidez...

Creo que los santos han descubierto este tiempo interior, logrando asumirlo. Para ello es necesaria una inmensa libertad, un total desprendimiento de cualquier plan o voluntad personal. Es preciso estar dispuestos a hacer en el segundo siguiente lo contrario de lo que habíamos previsto; vivir el más completo abandono, sin inquietud y sin temor; no tener otro anhelo que cumplir la voluntad de Dios; estar siempre disponibles a personas y acontecimientos. Es preciso también haber experimentado en la oración lo que es la comunión con la presencia de Dios en nosotros y la escucha interior del Espíritu Santo para seguir sus mociones.

Cuando vivimos de acuerdo con este tiempo interior, experimentamos cómo nada está dejado al azar. Aunque caminemos a menudo en la oscuridad y lo desconocido, presentimos y constatamos que nuestra vida transcurre según un ritmo que nos excede y

no dominamos, pero en el que nos abando-
namos gustosos; que nos lleva más allá de
nosotros mismos, pero en el que todos los
acontecimientos discurren de acuerdo con
una sabiduría infinita.

Este libro, publicado por
Ediciones Rialp, S. A.,
Manuel Uribe 13-15, 28033 Madrid,
se terminó de imprimir en
Estilo Estugraf, S.L. Cuiempozuelos
(Madrid),
el día 20 de enero de 2025.